Pakistan, I'll be

UNIVERSITY OF KARACHI

Delhi Rabri House

LHR to KHI
Illustrated by Sachintha Rumesh

LHR to KHI
Written by Unzela Khan Sheikh
Urdu translation by Arsala Waheed

This book is dedicated to my husband Azam and daughter Aafiya - may Allah always keep you both safe. Ameen.

I would also like to thank my Ammi who has taught me everything about my Pakistani roots, without her I would not have been able to create this book.

Meet the author: Unzela Khan Sheikh is a first generation British Pakistani journalist who has always held on to her Pakistani culture despite growing up in London. She uses her platform to encourage children of immigrants to explore their roots, language and history. The writer has been vocal about race and diversity in the UK and hopes to give a voice to the Pakistani diaspora. She believes Pakistani culture should not be lost in the next generation and overseas Pakistanis should be proud of their roots.

© Unzela Khan Sheikh 2023 All Rights Reserved

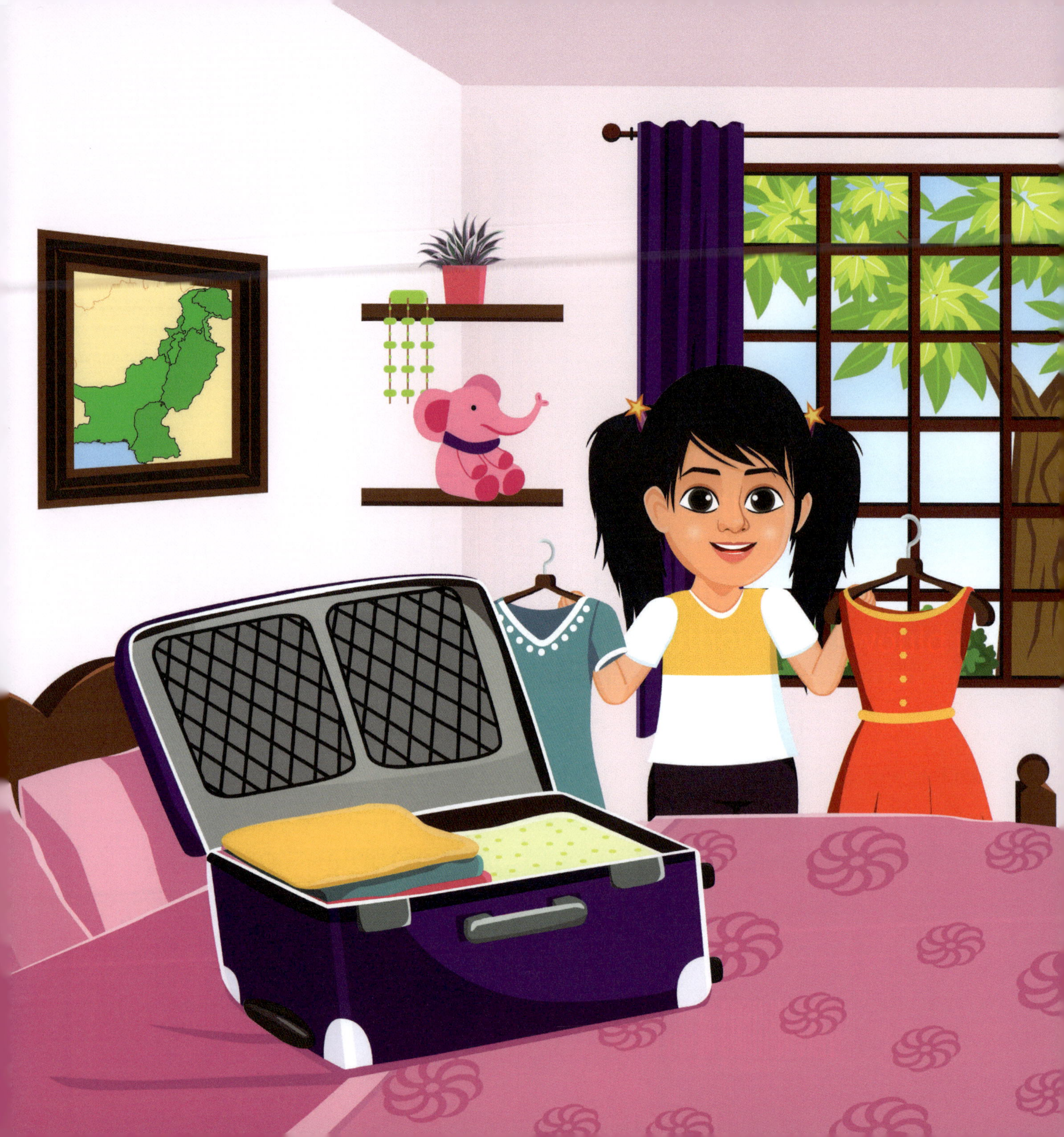

As-salamu alaykum! My name is Anam Khan and today is a very exciting day - today is the day I finally get to visit the land of my grandparents, Pakistan, for the first time. I don't really know what to expect!

As-salamu alaykum! Mera naam Anam Khan hai, aor aaj meray liye bohat zyada khushi ka din hai. Aaj ke din mein pehli baar apnay nana aor dada ke mulk, Pakistan jarahi hoon, aor mujhay kuch pata nahi ke wo kaisa hoga!

السلام علیکم! میرا نام انعم خان ہے، اور آج میرے لیے بہت زیادہ خوشی کا دن ہے۔ آج کے دن، میں زندگی میں پہلی بار اپنے نانا اور دادا کے ملک پاکستان جا رہی ہوں، اور مجھے کچھ پتہ نہیں کہ وہ کیسا ہوگا!

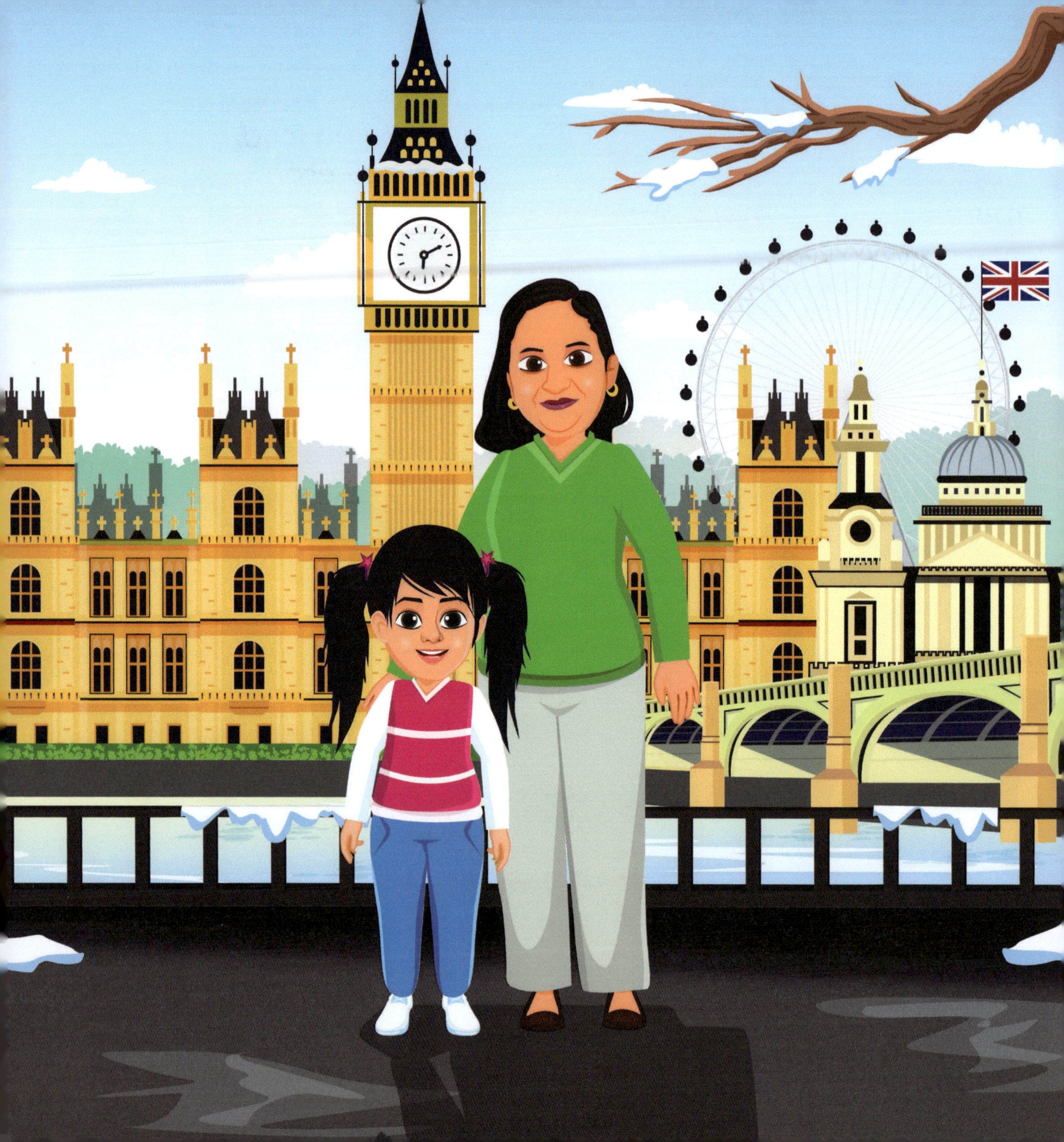

But first, a little bit about me. I was born in London but I have always loved exploring my culture (especially the food, I love Gol Gappas!) I've wanted to visit Pakistan for ages - especially as my mum tells me so many stories of her fun childhood in Karachi.

Lekin pehlay kuch meray baray mayn. Mayn London mein paida hui, lekin mujhay hamesha apni tehzeeb ke baray may jan-nay ka bohat shouq raha (khas ker khanay ke baray may, mujhay gol gappy bohat pasand haen). May hamesha se Pakistan jana chahtee thee, khas ker chonke meri ammi mujhay Karachi mein apnay bachpan ke mazedar qissay sunati theen.

لیکن پہلے، کچھ میرے بارے میں۔ میں لندن میں پیدا ہوئی، لیکن مجھے ہمیشہ اپنی تہذیب کے بارے میں جاننے کا بہت شوق رہا، (خاص کر کھانے کے بارے میں، مجھے گول گپے بہت پسند ہیں)، میں ہمیشہ سے پاکستان جانا چاہتی تھی، خاص کر، چونکہ میری امی مجھے، کراچی میں اپنے بچپن کے مزے دار قصے سناتی تھیں۔

HEATHROW
AIRPORT

Anyway, today was a really fun journey. After what felt like ages waiting at Heathrow Airport with my mum and brother, I stepped onto a flight which was luckily overnight so I fell asleep. The next thing I knew, I woke up just as the airplane landed at Karachi Jinnah Airport.

Baharhal, aaj ka safar bohat hee mazay ka tha. Heathrow Airport per apni ammi aor bhai ke sath, aik lambay intezaar ke baad hawai jahaz may bethe, aor achi qismat se raat kee flight thee tu may so gayee. Aor phir jab meri aankh khuli tu jahaz Karachi ke Jinnah Airport per uttar raha tha.

بہرحال، آج کا سفر بہت ہی مزے کا تھا۔ ہیتھرو ایئرپورٹ پر اپنی امی اور بھائی کے ساتھ، ایک لمبے انتظار کے بعد ہوائی جہاز میں بیٹھے، اور اچھی قسمت سے رات کی فلائٹ تھی تو میں سو گئی۔ اور پھر جب آنکھ کھلی، تو جہاز کراچی کے جناح ائیرپورٹ پر اتر رہا تھا۔

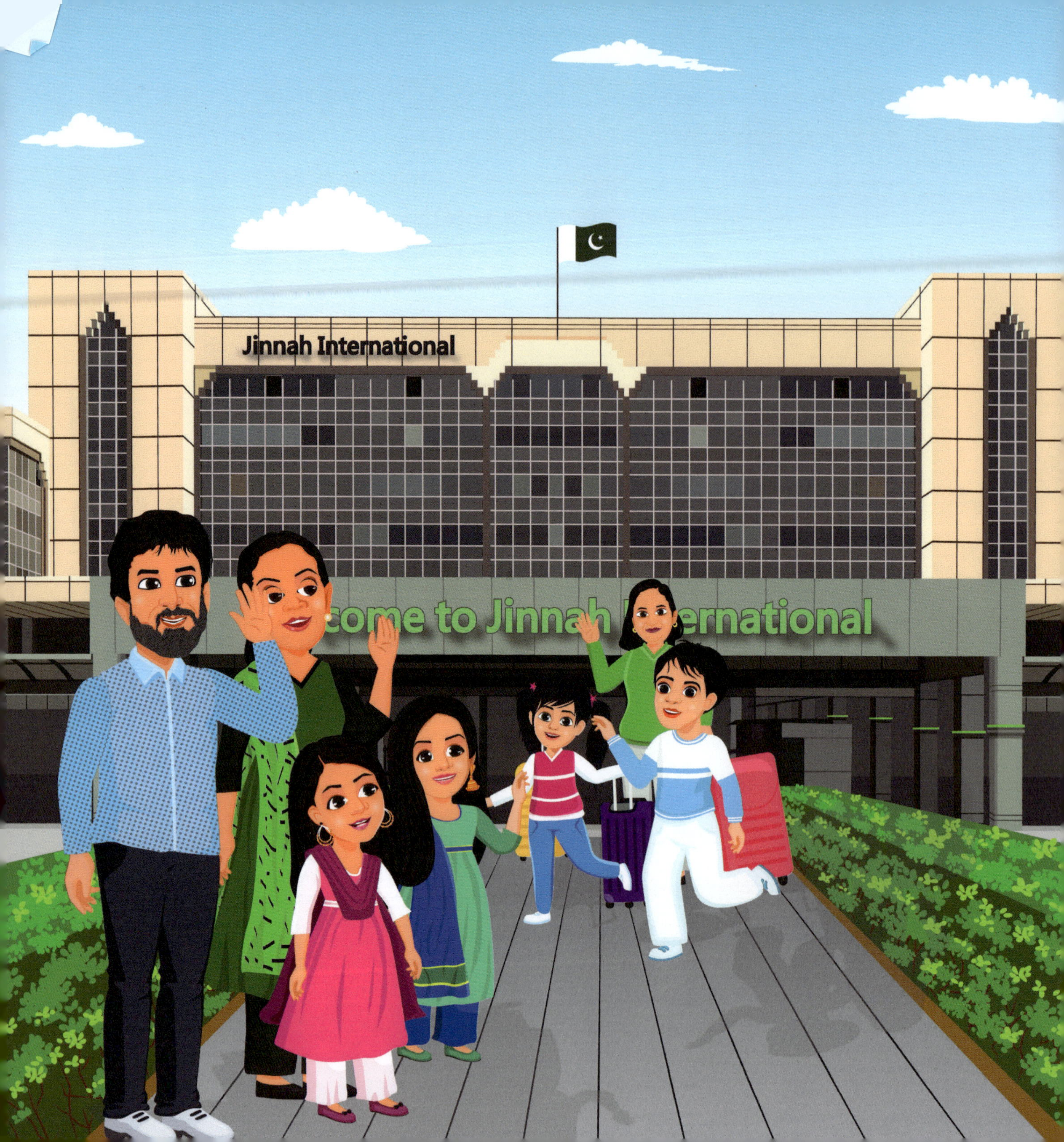
Jinnah International
come to Jinnah

As I walked out of the plane, the hot holiday air hit my face and I was greeted by my uncle, aunty and cousins with huge smiles and hugs - my heart felt full!

Jaisay hee may jahaz se bahar niklee, aik garam hawa ke jhonkay ne mera chehra chooa aor sath hee meray mamu, mumani aor mamu-zaad beheno ne bohat sari muskurahaton ke sath aor galay laga kar mera istekbaal kiya, mera dil khushi se bhar gaya!

جیسے ہی میں جہاز سے باہر نکلی، ایک گرم ہوا کے جھونکے نے میرا چہرہ چھوا،اور ساتھ ہی میرے ماموں، ممانی اور ماموں زاد بہنوں نے بہت ساری مسکراہٹوں کے ساتھ اور گلے لگا کر میرا استقبال کیا، میرا دل خوشی سے بھر گیا!

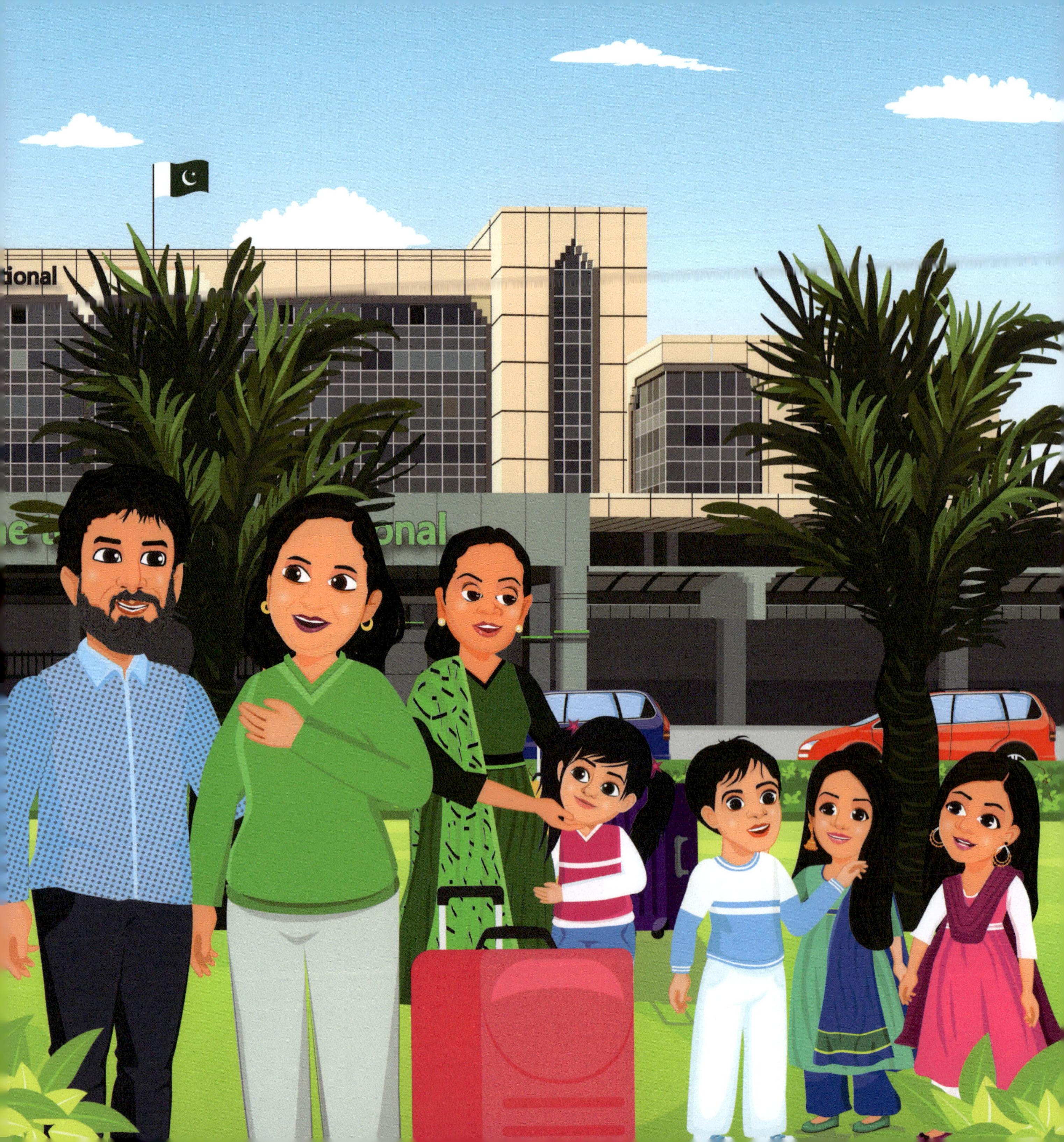
tional
onal

I had spoken to them on the phone and video calls but seeing them in real life was surreal - I was finally united with the family I had heard so much about.

Maine un se phone per, aor video calls per tu baat kee thee, lekin unhay apnay samnay dekhna aik khwab ki tarah tha. May aakhir kar apnay uss khandan se mil rahaee thee, jin ke baaray may itna kuch suna tha.

میں نے ان سے فون پر اور وڈیو کالز پر تو بات کی تھی، لیکن انھیں اپنے سامنے دیکھنا، ایک خواب کی طرح تھا۔ میں آخر کار اپنے اس خاندان سے مل رہی تھی، جن کے بارے میں اتنا کچھ سنا تھا۔

DR. MAHMUD HUSAIN LIBRARY
CENTRAL CAFETERI
UNIVERSITY
OF
KARACHI

The next few days were spent sight-seeing while enjoying the cool December weather. My mum took me to Karachi University to show me where she had spent her years studying, eating hot samosas and living life to the fullest.

Aglay kuch din mukhtalef jaghon ka nazara kernay mayn guzray, aor sath sath December ke thanday mausam ke mazay bhi liye. Meri ammi mujhay Karachi University bhi dekhanay ke liye lay gayeen, jahan unhon nay parhte huey, garma garam samosay khate huey aor zindgee ka pura maza uthate huey waqt guzara tha.

اگلے کچھ دن، مختلف جگہوں کا نظارہ کرنے میں گزرے، اور ساتھ ہی دسمبر کے ٹھنڈے موسم کے مزے بھی لیے۔ میری امی مجھے کراچی یونیورسٹی بھی دکھانے کے لیے لے گئیں، جہاں انھوں نے پڑھتے ہوئے ، گرما گرم سموسے کھاتے ہوئے اور زندگی کا پورا مزہ اٹھاتے ہوئے وقت گزارا تھا۔

CAFETERIA

I even got to try the samosas my mum had eaten as a university student and they were delicious!

Mein ne wo samosay bhi khaye, jo meri ammi apni parhai ke daur mayn khatee theen, aor wo bohat hee mazay ke thay.

میں نے وہ سموسے بھی کھائے، جو میری امی اپنی پڑھائی کے دور میں کھاتی تھیں، اور وہ بہت ہی مزے کے تھے۔

Delhi Rabri House

The following day was another adventure - I went to the famous Burns Road which is a food street where I was treated to Rabri dessert (I think it's my favourite dessert now). The smell of fresh food along the street reminded me of my mamajaan's cooking even back in our London home.

Agla din aik naya tajarba tha- mein Burns Road ke mashoor khanaon ke elaqay mei gai, jahan mujhay Rabdi paish ki gai (mera khyal hay ab yehi meri pasandeeda meethee cheez hay). Gali mein uthti taza khanon kee khushbo ne mujhay ammi ke khanon kee yaad deladi, jo wo London mayn pakatee hayn.

اگلا دن ایک نیا تجربہ تھا۔ میں برنس روڈ کے مشہور کھانوں کے علاقے میں گئی، جہاں مجھے ربڑی پیش کی گئی(میرا خیال ہے،اب یہی میری پسندیدہ میٹھی چیز ہے)۔گلی میں اٹھتی تازہ کھانوں کی خوشبو نے مجھے امی کے کھانوں کی یاد دلادی، جو وہ لندن میں پکاتی ہیں۔

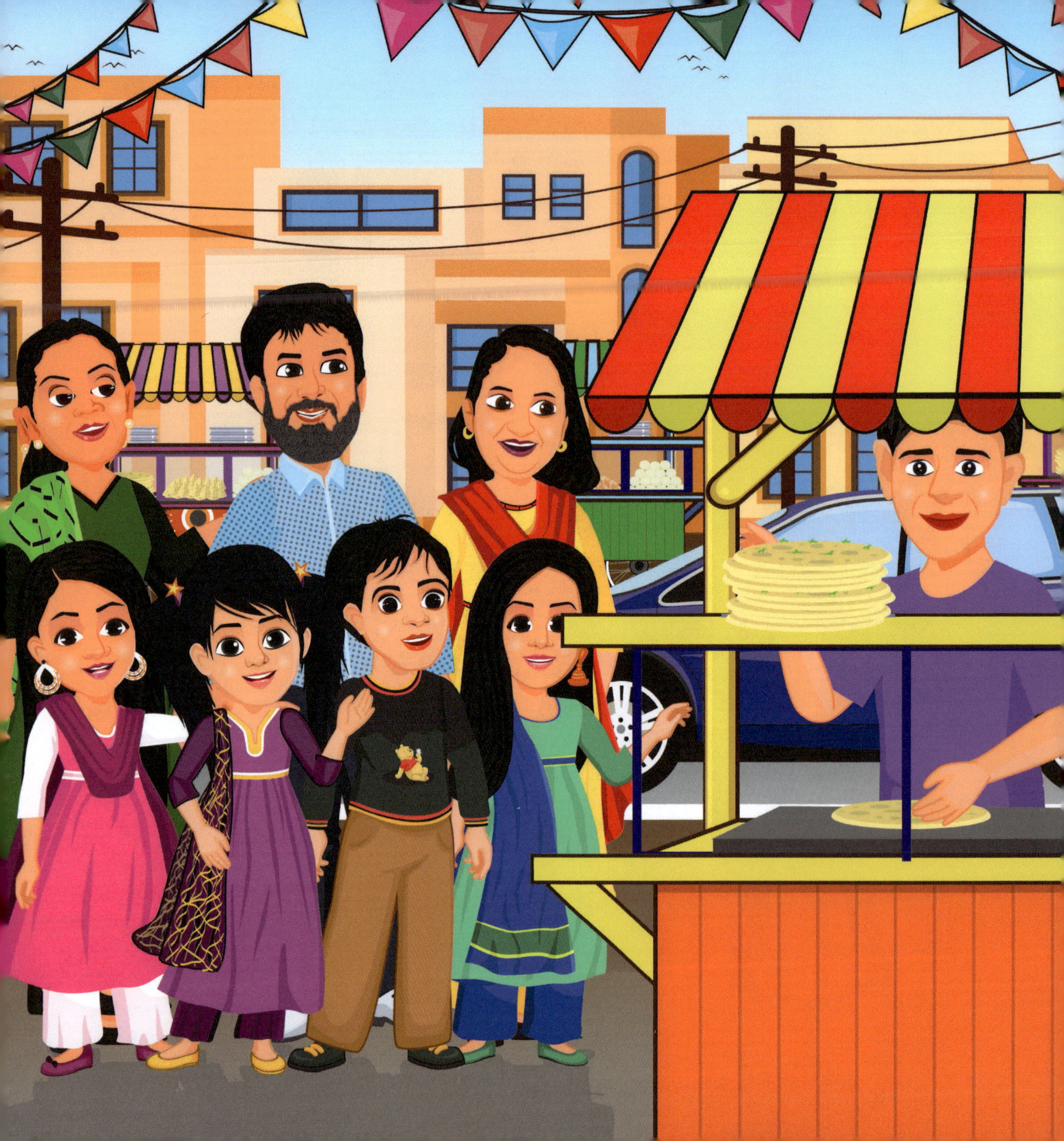

I loved the vibrancy of Burns Road and just how 'alive' it was, even though it was past Maghrib time. Especially because everything closes so early in London!

Burns Road ki ronaq mujhay bohat pasand aaiee, halanke Maghrib ke baad ka waqt tha, lekin phir bhi wahan zindgee nazar aarahee thee, jabkay, khas ker London may tu, dukanain kafi jaldee band hojatee hayn.

برنس روڈ کی رونق مجھے بہت پسند آئی، حالانکہ مغرب کے بعد کا وقت تھا، لیکن پھر بھی وہاں زندگی نظر آرہی تھی، جبکہ، خاص کر لندن میں تو، دکانیں کافی جلدی بند ہو جاتی ہیں۔

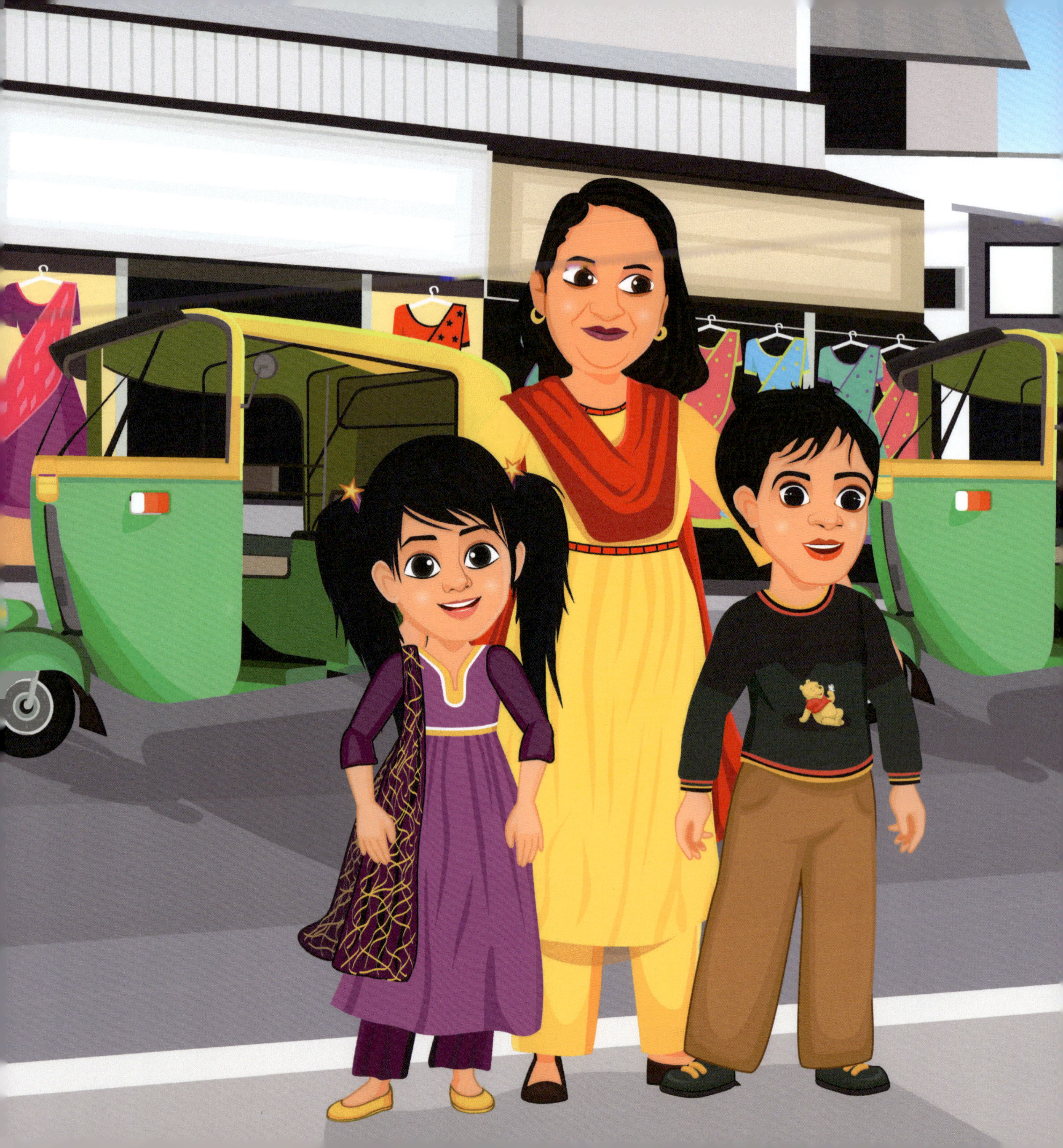

The next day I explored Tariq Road and the most exciting thing was to get a Pakistani outfit made from scratch - the options were endless!

Aglay din mein ne Tariq Road ki sair ki, aur sabse zabardast baat ye thi ke main Pakistani libaas apni pasand ka bana sakti thi, kapron ke iqsaam beshumaar thi

اگلے دن میں نے طارق روڈ کی سیر کی، اور سب سے زبردست بات یہ تھی کہ میں پاکستانی لباس اپنی پسند کابنا سکتی تھی،کپڑوں کی اقسام بیشمار تھی۔

RABI centre

Stepping into Rabi Centre with a cold bottle of Pakola in my hand, I told Mamajaan what colours I liked and within minutes, a piece of bright mustard yellow material was sent across the street to the tailor.

Pakola ki botal hath may layker, hum Rabi Centre may dakhil huey. May nay ammi ko apni pasand ke rang batadiye, aor min-taun mayn khubsoorat, peeley rang ka kapda, sadak ke par kee darzee kee dukan pe, silnay ke liye bhej diya gaya.

پاکولا کی بوتل ہاتھ میں لے کر، ہم رابی سینٹر میں داخل ہوئے۔ میں نے امی کو اپنی پسند کے رنگ بتا دئیے، اور منٹوں میں خوبصورت پیلے رنگ کا کپڑا، سڑک کے پار کے درزی کی دکان پہ، سلنے کے لئے بھیج دیا گیا۔

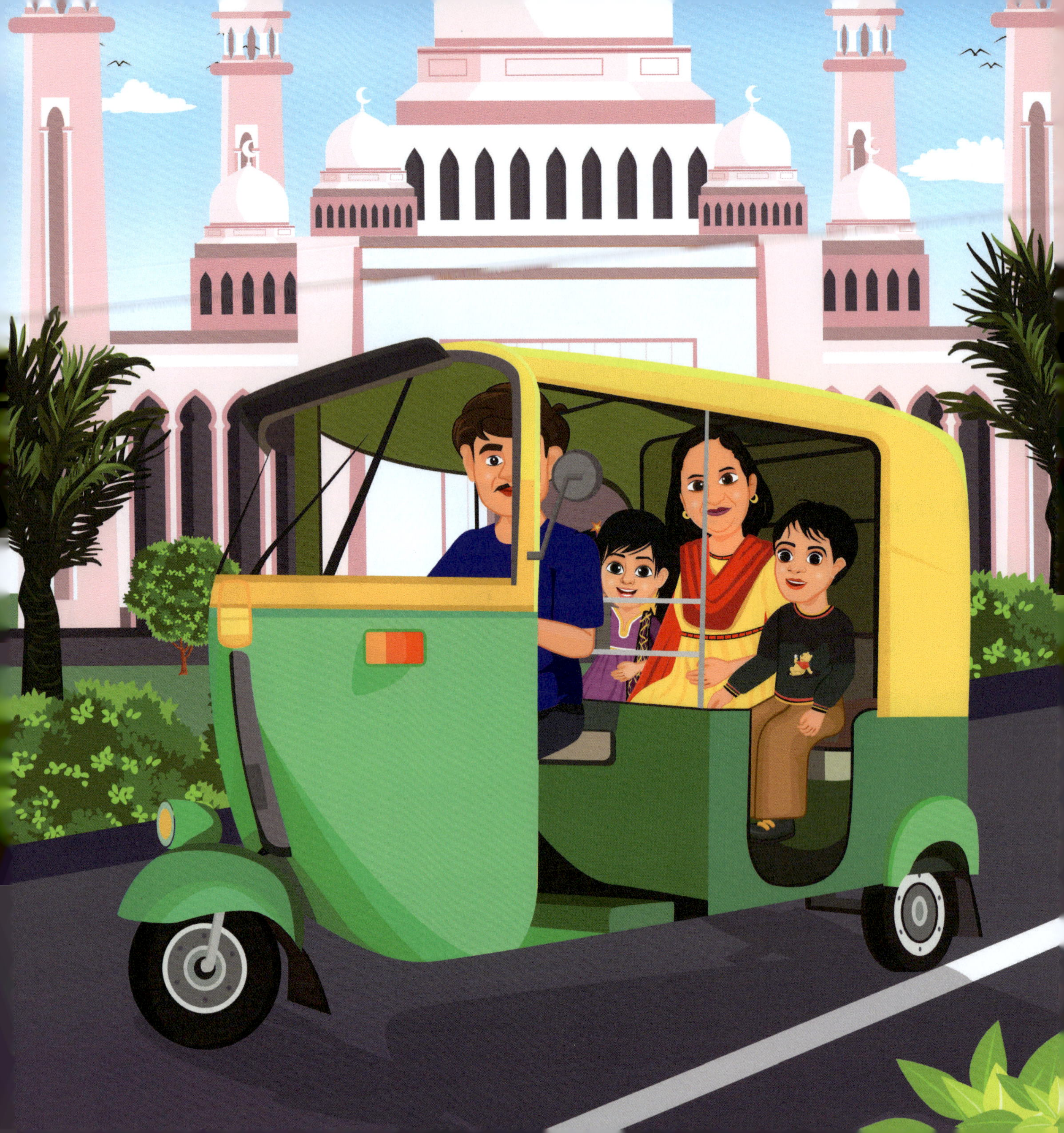

Pakistan was thrilling, even the bumpy loud rickshaws I travelled in were a new adventure for me. Hearing the Azaan five times a day was so comforting because it meant I didn't need mamajaan to remind me about prayer times! What made Pakistan even more fun was the fact that my cousins were right by my side to explain everything to me.

Pakistan may bohat maza araha tha, yahan tak ke wo shor machate uchaltay hue rikshon ka safar bhi, mere liye aik nayi cheez the. Phir din may panch baar Azaan ki aawaaz bhi, dil ko sukoon pohnchatee thee. Ab mujhay itmenan tha ke ammi ke namaz ke waqt ke liye yaad dilaaye baghayr, may namaz padh saktee thee! Pakistan mein zyada maza aney ki aik waja ye bhi thi ke meri mamu-zaad behnain, har waqat mujhay har baat samjhanay ke liye mojood theen.

پاکستان میں بہت مزہ آرہا تھا، یہاں تک کہ، وہ شور مچاتے اچھلتے ہوئے رکشوں کا سفر بھی، میرے لیے ایک نئی چیز تھی۔ پھر دن میں پانچ بار اذان کی آواز بھی، دل کو سکون پہنچاتی تھی۔ اب مجھے اطمینان تھا کہ امی کے نماز کے وقت کے لئے یاد دلائے بغیر، میں نماز پڑھ سکتی تھی! پاکستان میں زیادہ مزہ آنے کی ایک وجہ یہ بھی تھی کہ میری ماموں‌زاد بہنیں، ہر وقت مجھے ہر بات سمجھانے کے لئے موجود تھیں۔

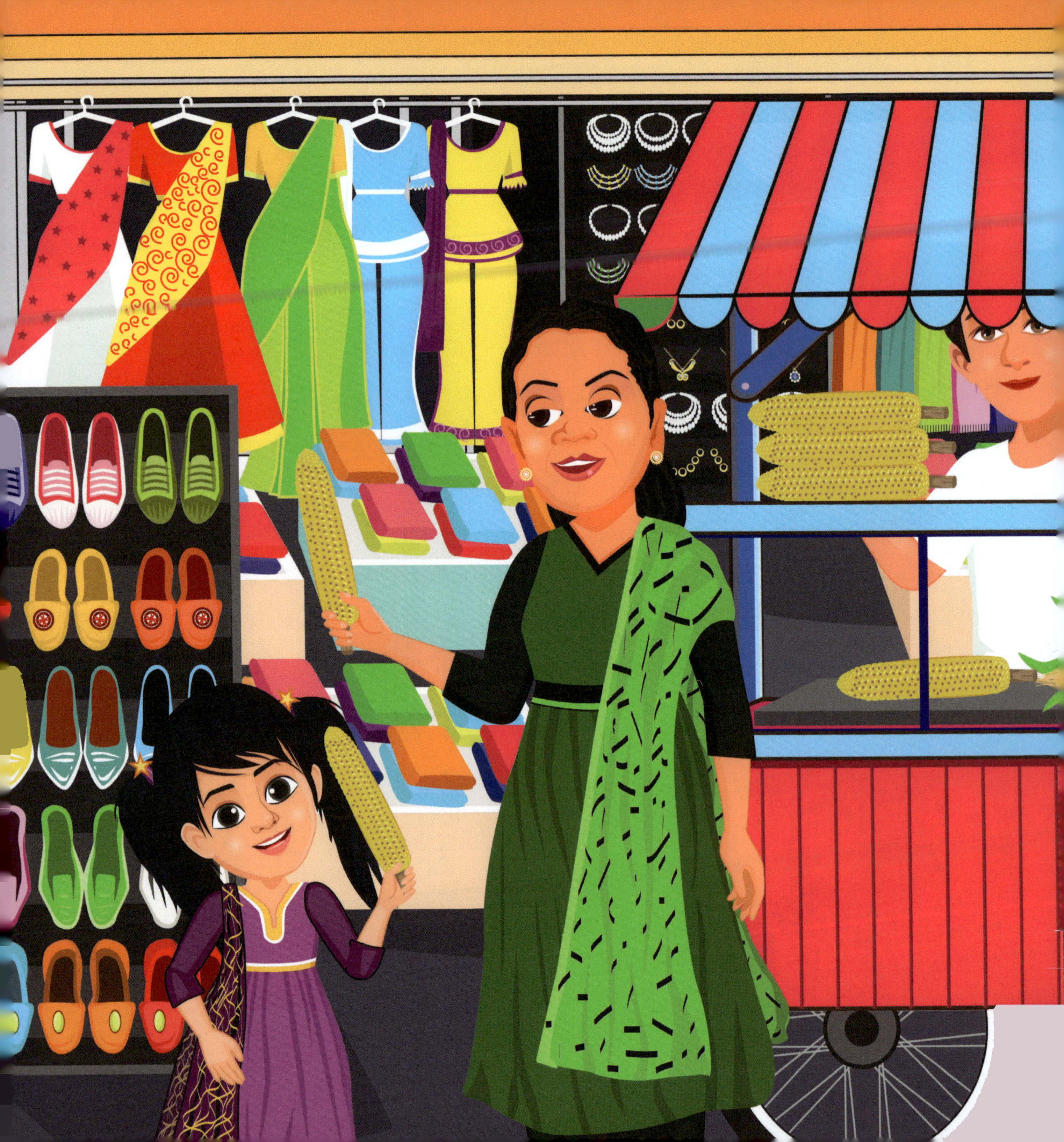

Then the dreaded last day had arrived and as a treat, my aunty took me to Meena Bazaar where there was so much to see, so many shoes, jewellery, scarves. She even let me try hot corn on the cob from a street vendor which was really yummy!

Aor phir na chahtay huey bhi wo aakhri din aagaya, uss din mujhay meri mumani ghumaney ke liye, Meena Bazaar laiker gayeen, jahan dekhnay ko bohat si cheezen theen, bohat sy jootey, zewraat, dupattay. Unhon ne mujhay thelay walay se garma garm bhutta bhi layker khilaya jo ke bohat hi mazay ka tha!

اور پھر نا چاہتے ہوئے بھی وہ آخری دن آگیا،اور اس دن مجھے میری ممانی گھمانے کے لیے، مینا بازار لیکر گئیں، جہاں دیکھنے کو بہت سی چیزیں تھیں، بہت سے جوتے، زیورات، ڈوپٹے۔انہوں نے مجھے ٹھیلے والے سے گرما گرم بھٹہ بھی لے کر کھلایا جو کہ بہت ہی مزے کا تھا!

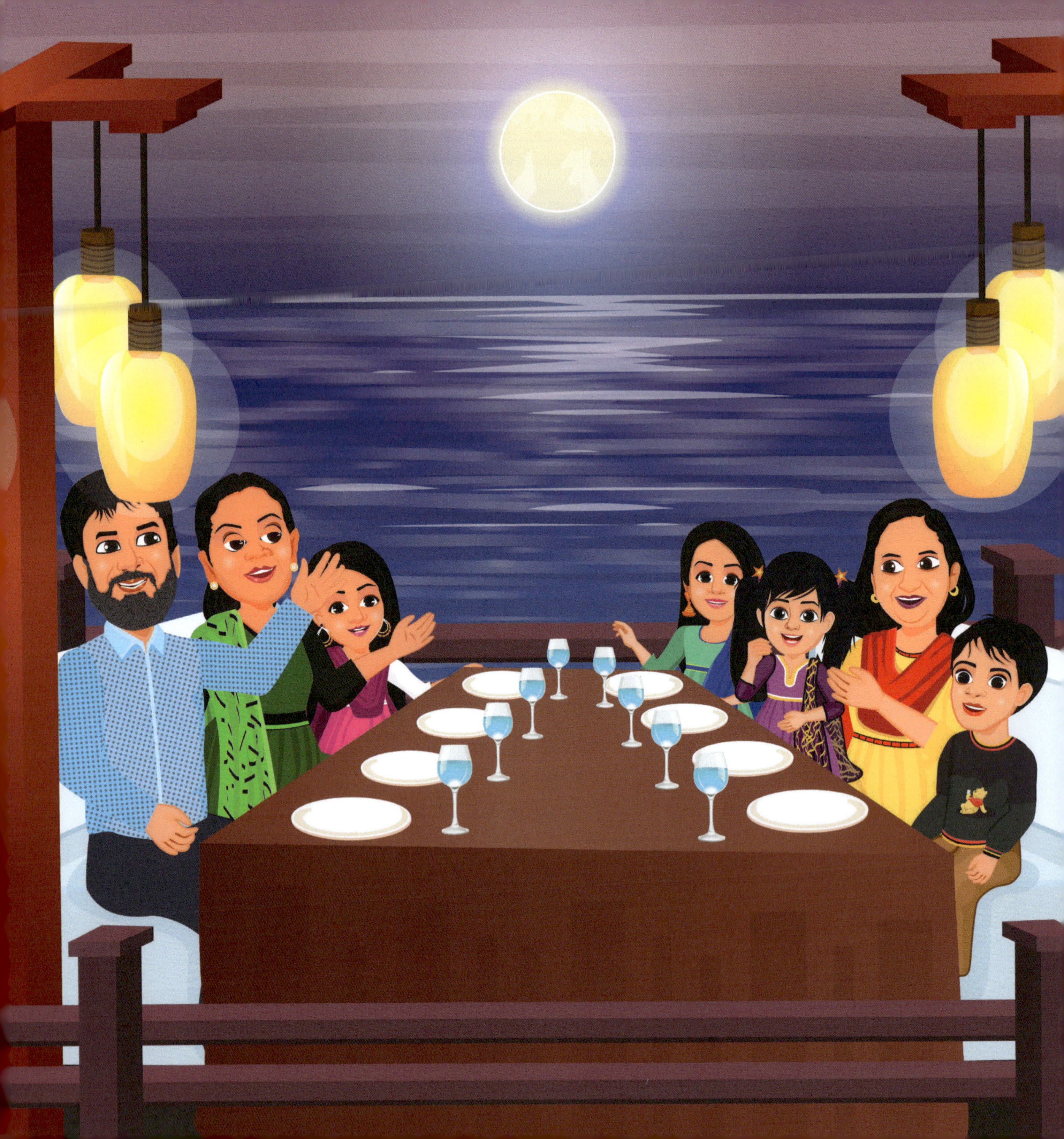

In the evening my family went out to eat at 'Do Darya' - I looked in awe at all of the restaurants next to the sea. The restaurants' lights were glimmering in the water.
We decided to eat at a place called Kolachi and all I could do was stare out into the sea, taking everything in before I had to leave for London.

Phir sham ko, hum sub mil ker "Do Darya" pe khana khanay gaey. may tu itny sary restaurants aik sath samandar ke kinaray dekh ker hairan hee rah gaee, un ki roshniyan samandar may chamak rahi theen. Hum ne Kolachi mein khaney ka faisla kiya, aor may sara waqt samundar ko dekhti rahi, hr cheez ko zehan mein bithati rahi, kyonke kal mujhay London ke liye rawana hona tha.

پھر شام کو ہم سب مل کر "دو دریا" پہ کھانا کھانے گئے۔ میں تو اتنے سارے ریسٹورانٹس ایک ساتھ سمندر کے کنارے دیکھ کر حیران ہی رہ گئی، ان کی روشنیاں سمندر میں چمک رہی تھیں۔ ہم نے "کولاچی" میں کھانے کا فیصلہ کیا اور میں سارا وقت سمندر کو دیکھتی رہی، ہر چیز کو ذہن میں بٹھاتی رہی، کیونکہ کل مجھے لندن کے لئے روانہ ہونا تھا۔

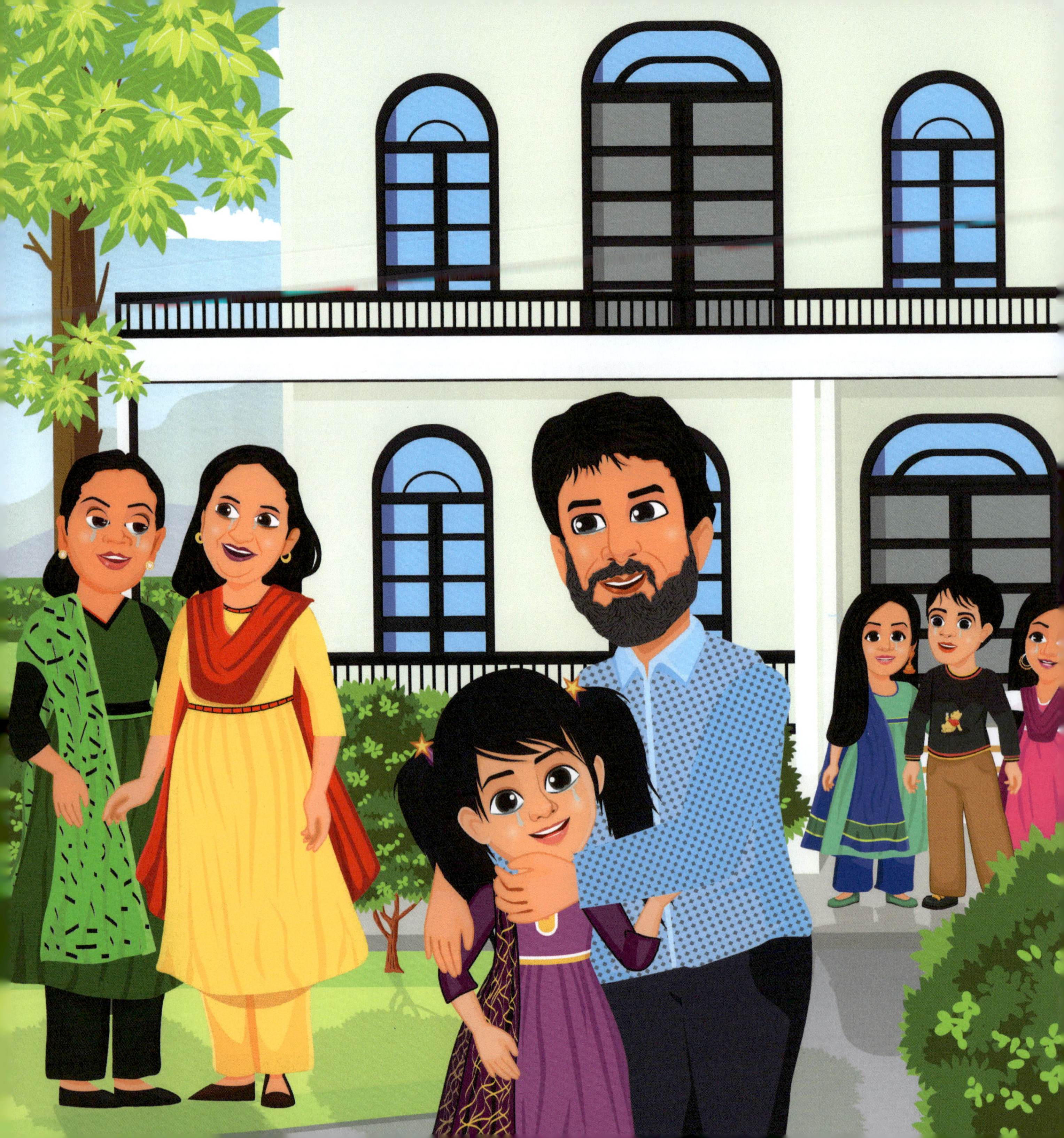

Then came the sad goodbyes, I teared up as I hugged my uncle, aunty and cousins who all sobbed at the thought of being thousands of miles away again.

Aor phir wo udas kerdenay wala, alwida ka din aa hee gaya, meray mamu ne mujhay galay lagaya tu meri aankhon may aansoo aagaey, phir meri mumani aor mamu-zaad behnon ne bhee, phir se, hazaaron meel ke doori ka soch ker rona shroo kardiya.

اور پھر وہ اداس کردینے والا، الوداع کا دن آ ہی گیا، میرے ماموں نے مجھے گلے لگایا تو میری آنکھوں میں آنسو آگئے، پھر میری ممانی اور ماموں‌زاد بہنوں نے بھی، پھر سے ہزاروں میل کی دوری کا سوچ کر رونا شروع کردیا۔

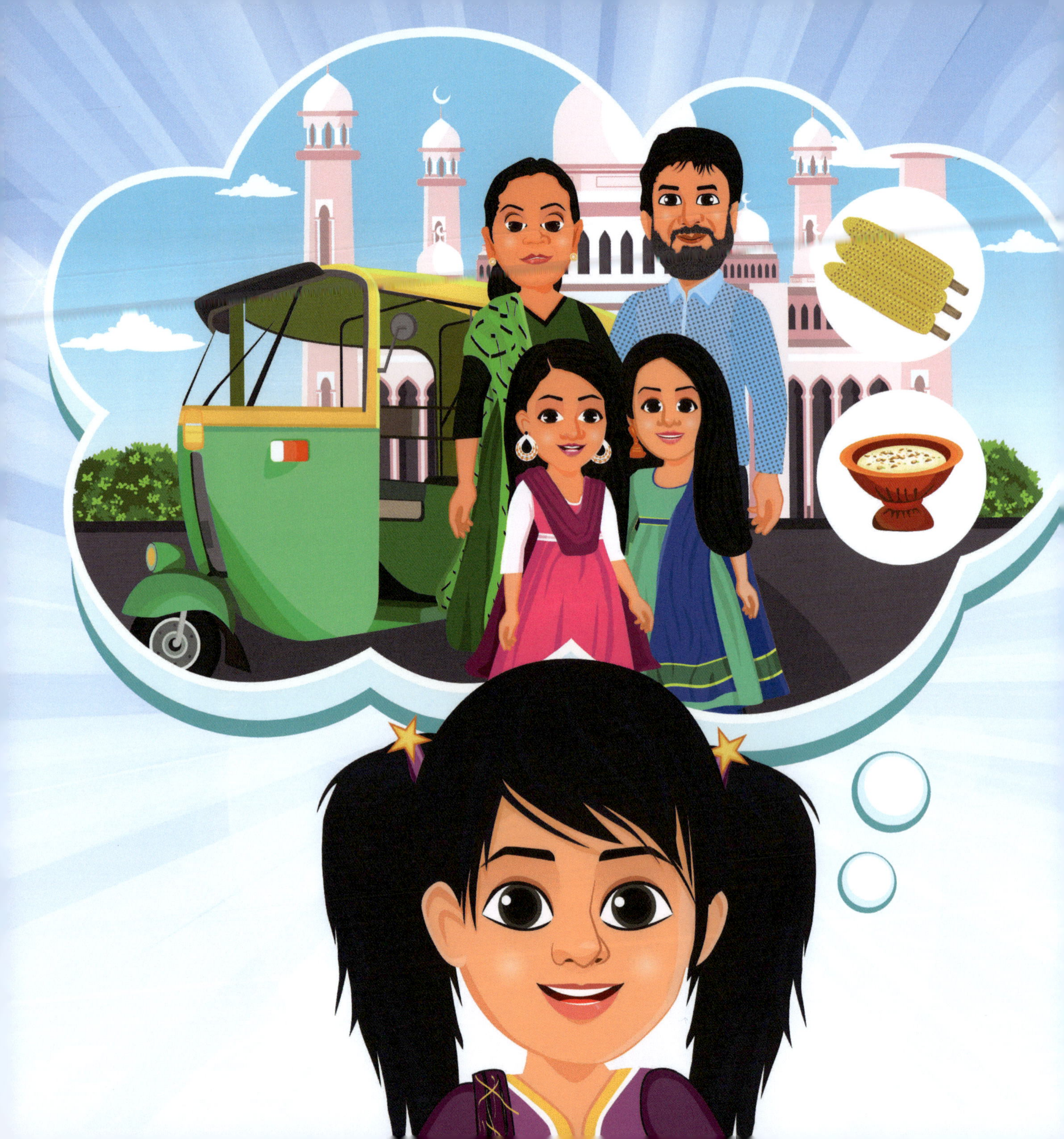

"Pakistan, I'll be back" I thought. My first trip had been wholesome and made me feel like I had found another side to myself. Growing up as a British Pakistani - I had finally connected with my second half, and I wasn't going to let go of it.

"Pakistan, mayn phir aaoongi" mayn ne socha. mera pehla safar bharpoor raha aur mjhe aisa laga jese mjhe mera aik aur hissa mil gaya ho. Mein bartanwi Pakistani ki haisiyat se badi hui, lekin ab mujhay mahsoos hua hay, jaisay mujhay apnay wujood ka dusra hissa mil gaya ho, aor ab mayn isay apnay se alag nahi ker saktee.

"پاکستان میں پھر آؤں گی" میں نے سوچا۔ میرا پہلا سفر بھر پور رہا اور مجھے ایسا لگا جیسے مجھے میرا ایک اور حصہ مل گیا ہو۔ میں برطانوی پاکستانی کی حیثیت سے بڑی ہوئی، لیکن اب مجھے محسوس ہوا ہے،جیسے مجھے اپنے وجود کا دوسرا حصہ مل گیا ہو، اور اب میں اسے اپنے سے الگ نہیں کر سکتی۔

Printed in Great Britain
by Amazon